shigeru ban

Introducción / *Introduction*: David N. Bu

Editorial Gustavo Gili, S.A.

08029 Barcelona. Rosselló, 87-89 Tel. 322 81 61
Mexico, Naucalpan 53050 Valle de Bravo, 21. Tel. 560 60 11

Este libro está dedicado al profesor Gengo Matsui, el gran ingeniero de estructuras, que realizó esta excepcional estructura de tubos de papel y que falleció el año pasado.

This book is dedicated to Professor Gengo Matsui, the great structural engineer who created this unique paper tube structure and passed away last year.

GG portfolio

Dirección y coordinación: **Gustau Gili Galfetti**

Diseño gráfico: **Eulàlia Coma S.C.P.**

Traducción japonés-inglès: **David N. Buck**

Revisión del texto en inglés: **Sue Brownbridge**

Traducción inglés-castellano: **Montserrat Mestre**

© Editorial Gustavo Gili, S.A., Barcelona, 1997

Impreso en España
ISBN: 84-252-1721-0
Depósito legal: B.18.724-1997
Fotomecánica: Scan Gou
Impresión: Grup 3

GG portfolio

Editor and coordinator: **Gustau Gili Galfetti**

Graphic design: **Eulàlia Coma, S.C.P.**

Japanese-English translation: **David N. Buck**

English text revised by: **Sue Brownbridge**

English-Spanish translation: **Montserrat Mestre**

© Editorial Gustavo Gili, S.A., Barcelona, 1997

Printed in Spain
ISBN: 84-252-1721-0
Depósito legal: B.18.724-1997
Colour separations: Scan Gou
Printing: Grup 3

Índice
Index

La arquitectura de Shigeru Ban

Un encuentro

La primera vez que pude contemplar la arquitectura de Shigeru Ban fue en el verano de 1996, en la iglesia Takatori de Kobe. Yo ya conocía el edificio original, porque había sido el escenario de una de las imágenes más impactantes del terremoto de 7,2 grados que había estremecido la ciudad dieciocho meses antes. El espectáculo de los feligreses echando agua desesperadamente a una estatua de Jesucristo, en un intento de detener el avance de las llamas, fue una imagen que dio la vuelta al mundo y, quizás, la que mejor captó la fuerza y la tragedia del terremoto de Kobe. Tenía curiosidad por averiguar qué estructura arquitectónica, qué forma espacial, podía reavivar un espíritu de recuperación y de creencia en fuerzas más poderosas que las de la naturaleza.

Un óvalo de tubos de papel marrón encerrados en un marco rectangular de acero y de planchas de policarbonato translúcido: la respuesta de Ban era simple y convincente. Aunque los materiales con los que se realizó la estructura puedan considerarse poco ortodoxos, se trataba sin ninguna duda de un edificio religioso, con sus espacios sutilmente estratificados y llenos de dignidad y de reverencia. Para mí, como arquitecto paisajista, los recuerdos que me evocó se dirigían al mundo natural: la luminosidad de un bosque brumoso; diáfanos rayos de luz que atraviesan un laberinto de troncos; un fragmento volumétrico misterioso de unas formas pertenecientes a sepulcros antiguos. En Japón, donde la estructura visual es a menudo muy llamativa, la cacofonía aparentemente interminable de signos y símbolos, la tranquila simplicidad de este proyecto, hablaban con una fuerza tremenda. El silencio fue la voz poderosa que utilizó Ban.

Referencias históricas

Esta iglesia de Kobe, por la cual recibió más tarde un premio del Instituto Japonés de Arquitectura, ilustra de muchas maneras el carácter del trabajo de Ban. Aunque el papel parece haber sido siempre un material de difícil aplicación en la arquitectura, Ban se ha dejado llevar por su fascinación por los materiales y ha ido desarrollando progresivamente su propio estilo. Sin embargo, aunque su arquitectura sea notablemente característica, sería un error desvincularla de la historia de la arquitectura.

La casa de papel, una casa de vacaciones diseñada para él mismo y completada en 1995, ilustra temas que son recurrentes en muchos de sus proyectos. El edificio consta de una planta completamente cuadrada que alcanza la tercera dimensión a través de curvas en forma de S realizadas de columnas de papel. Al dividir el espacio en una serie de zonas funcionales y a la vez fluidas, los tubos de papel parecen proyectarse en espiral y unirse con los bosques de árboles que rodean el emplazamiento. La vista desde el interior sugiere resonancias de ideas sobre el espacio que pertenecen a la tradición japonesa, con fragmentos de paisaje selvático enmarcado por los planos horizontal y vertical del edificio.

Este discurso autóctono entre espacio interno y externo (que aparece también en su casa de muebles, la casa de doble tejado y la iglesia de papel) se sobrepone a la simplicidad de la composición y a la pureza del movimiento moderno. Existen claras asociaciones entre la casa de papel, la casa de 50' x 50' de Mies van der Rohe y la caja de cristal de la casa de Philip Johnson, en New Canaan. Sin embargo, aunque se pueden entrever influencias de estas y de otras figuras de la

The Architecture of Shigeru Ban

An Encounter

The first time I saw the architecture of Shigeru Ban was in the summer of 1996, at Takatori Church in Kobe. I was already familiar with the original building as it had been the scene of one of the most powerful images of the 7.2 earthquake that had rocked the city 18 months earlier. The spectacle of parishioners desperately throwing water over a statue of Christ in an attempt to stem the advancing fire was an image, subsequently beamed around the world, that perhaps better than any other captured the power and the tragedy of the earthquake in Kobe. I was curious as to what architectural structure, what spatial form, could rekindle a spirit of recovery and belief in powers greater than natural forces.

An oval of warm brown paper tubes enclosed in a rectangular frame of steel and translucent polycarbonate sheeting - Ban's answer was compellingly simple. While the structural materials may have been unorthodox, this was undoubtedly a religious building, with its subtly layered spaces full of dignity and reverence. For me as a landscape architect, the recollections it evoked were of the natural world: the luminosity of a mist-permeated forest; diaphanous rays of light through a maze of trunks; a mysterious volumetric fragment of ancient burial landform.

In Japan, where the visual structure is usually so loud, a seemingly endless cacophony of signs and symbols, the calm simplicity of this project spoke with tremendous strength. Silence was the powerful voice that Ban used.

Historical referencing

This church in Kobe, for which he later received a Japanese Institute of Architecture award, in many ways illuminates the character of Ban's work. Although paper may seem to be a highly improbable material for architecture, Ban has taken his fascination for materials and progressively developed his own style. However, even though it possesses a strikingly distinctive character, it would be a mistake to divorce it from architectural history.

The Paper House, a vacation home designed for himself and completed in 1995, illustrates themes that recur in many of his projects. The building is formed by a pure square plan that is rendered into a three-dimensional volume by a curving S of paper columns. Dividing the space into a series of functional yet fluid zones, the paper tubes appear to spiral out and unify with the forest trees surrounding the site. The view from the interior reveals hints of traditional Japanese spatial ideas, with fragments of sylvan landscape framed by the horizontal and vertical planes of the building.

This indigenous discourse between internal and external space (also seen in his Furniture House, the House of Double Roof and the Paper Church) is overlaid with the compositional simplicity and pure white of modernism. There are clear associations between the Paper House, Mies van der Rohe's 50' x 50' House and the glass box of Philip Johnson's House at New Canaan. However, although one can discern glimpses of these and other influential figures from architectural history, Ban's work avoids the type of historicism that exploits earlier themes "as a warehouse of ready-made phrases," as Adolf Loos commented. In his projects, Ban may be citing history, but the words are his own.

historia de la arquitectura, el trabajo de Ban evita el tipo de historicismo que explota temas anteriores "como un almacén de frases hechas," tal como comentó Adolf Loos. En sus proyectos, Ban puede citar a la historia, pero las palabras son propiamente suyas.

El mismo Ban es plenamente consciente del reto al que se enfrentan los arquitectos en Japón: qué tipo de influencias, y de quién, se deben utilizar como puntos de partida para sus diseños. El patrón histórico japonés de absorber las fuerzas externas y convertirlas, en su momento, en sólo japonesas, ya no se puede mantener. Japón, activado por la llegada del estilo internacional, acelerado por los principios del movimiento postmoderno y propulsado por la era de la información, se ha visto expuesto a influencias procedentes de todo el mundo a una velocidad sin precedentes. Los siglos que se tardó en asimilar la cultura china se han visto convertidos en segundos por la era de la informática. Esta inmersión en la información, rayando la sobrecarga sensorial, y que se pone de manifiesto en la abundancia de estilos e iconos que conforman gran parte de la arquitectura japonesa contemporánea, ha revelado por pura coincidencia un método para valorar la madurez real del trabajo del profesional de la arquitectura. Deberíamos fijarnos no en la amplitud de sus referentes, ni tan sólo en cómo los incorpora en su trabajo, sino en cómo establece su estilo original y único.

El mismo Ban es claramente consciente de la importancia de encontrar una voz propia en un momento temprano de su carrera profesional. Citando sus propias palabras: "la gran diferencia entre muchos arquitectos y artistas japoneses y los del oeste, es que la diferencia entre 'influencia' y 'copia' está muy clara. Debido a que no se puede definir claramente esta diferencia, tenemos que concretar estos parámetros por nuestra cuenta, a través del estudio de la historia de la arquitectura. Esto es lo que distingue a los mejores arquitectos de los de segunda fila. Estos últimos tienen un espectro más amplio de influencias porque erróneamente las toman como influencias, pero en realidad se trata de copias. Por supuesto, todos los maestros me han influido. Si se contemplan mis primeros trabajos, se puede apreciar claramente la influencia de Mies y Le Corbusier, John Hejduk y Richard Meier, incluso de F. L. Wright. Pero, poco a poco, establecí mi propio estilo".

Suelo, vivienda y contexto social

El hecho de considerar el trabajo de Ban simplemente como el desarrollo de un estilo poco ortodoxo, y tal vez de una sensibilidad inusualmente aguda hacia los materiales, significaría no tener en cuenta el más amplio contexto social en el que se desarrolla su trabajo. Es importante entender cómo éste se interrelaciona con las circunstancias culturales generales y, en particular, con la visión japonesa del suelo. El concepto japonés de la propiedad y del uso del suelo es todavía una concepto extraordinariamente agrario. A pesar de la rápida propagación de la urbanización, los japoneses han continuado anclados a un concepto determinado del suelo, incluso en el centro de las grandes ciudades, que es el concepto del agricultor de un lugar privado y casi sagrado.

Estas percepciones agrarias del suelo se reflejan todavía en la mayor parte de la arquitectura japonesa moderna. El movimiento moderno radical, el movimiento postmoderno autóctono, el movimiento moderno más conservador; en definitiva, el conglomerado de estilos discordantes que conforman la realidad de la mayor parte de las formas construidas en Japón surge de estas ideas sobre la propiedad del suelo y, una vez aliado con el hedonismo financiero de finales de los ochenta, constituye una visión autorreferente del papel de la arquitectura en el contexto social. El trabajo de Ban para la comunidad de Kobe es particularmente significativo en cuanto que abraza la idea de participación de, en definitiva, los *sin suelo*: los refugiados, los sin casa. Rechaza el muy arraigado concepto parroquial del suelo y, al abrazar un nuevo concepto mucho más amplio del campo de la aplicación de la arquitectura, redefine de manera radical los parámetros de la profesión en Japón.

Ban himself is well aware of the challenge faced by architects in Japan over what and whose influences to use as departure points for their designs. The Japanese historical pattern of absorbing outside forces, that are then in time made uniquely Japanese, can no longer sustain its former tenor. Energized by the arrival of the International style, accelerated by the tenets of post-modernism and then propelled by the information age, Japan has been opened up to influences from around the world at unprecedented speed. The centuries taken to assimilate Chinese culture have been rendered into seconds by the computer age. This infusion of information, verging on sensory overload and manifest in the plethora of styles and icons that form much of Japanese contemporary architecture, has coincidentally revealed a method to evaluate the real maturity of an architect's work. We should look not at the breadth of his quotations nor even at how he incorporates them into his work, but at how he establishes his own, original and unique style.

Ban himself is clearly aware of the importance of finding one's own voice early in a career. To quote his words, "the big difference between many architects and artists in Japan and in the West is that their definition of influence and copy is so different. Because no-one can define how big the range of 'copy' or 'influence' is, we have to define the parameters by ourselves through studying the history of architecture. This is what distinguishes the top architects from the second tier. The latter have a wider range of influences because they mistakenly take them as influences, but actually they are copies. Of course, all the masters influenced me. If you look at my early work, you can see the influence of Mies and Le Corbusier, John Hejduk and Richard Meier, even F.L. Wright. But little by little, I established my own style."

Land, housing and social context

Simply to see Ban's work as a development of an unorthodox style, perhaps an unusually acute poetic sensibility towards materials, would be to miss the larger social context in which his work exists. It is important to understand how it intersects with the general cultural condition and in particular with Japanese views towards the land. The Japanese notion of land ownership and usage is still, remarkably, very much an agrarian one. In spite of the rapid spread of urbanization, the Japanese have continued to hang on to a concept of the land, even in the centre of their largest cities, which is the farmer's notion of an almost sacred and private place.

These agrarian perceptions of the land are still reflected in much of Japan's modern architecture. Radical modernism, indigenous post-modernism, conservative modernism, the conglomeration of discordant styles that is the reality of much of Japan's built form grew out of these ideas of land ownership and, when coupled with the financial hedonism of the late 1980s, constituted a self-referential view of architecture's role in the social context. Ban's work for the community in Kobe is particularly significant in that it embraces the idea of participation of, in effect, the landless: the refugees, the homeless. It refutes the long-held parochial notion of land and, by embracing a new, much larger concept of the field of architectural concern, fundamentally redefines the parameters of the profession in Japan.

It is also significant that the one field he has chosen to focus on is social housing. In the initial period, when Japan opened itself up to outside influences in the Meiji period after four hundred years of isolation, the country imported ideas, including those of modern architecture, with a fair degree of rigour. However, somewhat ironically, Japan failed to import later ideas, ideas of how to correct past mistakes and modern mistakes. Foremost amongst these was the importance of social housing. The early masters of modernism all honed their craft on it and subsequently defined a new social role for architects. These early twentieth century ideals and the later lessons of social housing have never really permeated the consciousness of architecture in Japan. If, as Mies van der Rohe said, archi-

También es significativo que el campo que ha escogido para desarrollar su actividad sea el de la vivienda social. En su período inicial, cuando Japón se abrió a las influencias externas en el período Meiji, después de cuatrocientos años de aislamiento, el país importó ideas, incluidas las de la arquitectura moderna, con un justo grado de rigor. Sin embargo, y de alguna manera irónicamente, Japón no importó las últimas ideas, ideas sobre cómo corregir los anteriores errores y los errores modernos. Una de ellas fue la importancia de la vivienda social. Los primeros maestros del movimiento moderno aguzaron todos su ingenio en este tipo de arquitectura y subsecuentemente definieron un nuevo papel social del ejercicio de la arquitectura. Estos ideales de principios del siglo XX y las últimas lecciones sobre viviendas sociales, no han llegado a penetrar en la conciencia de la arquitectura en Japón. Si, tal como dijo Mies van der Rohe, la arquitectura no es un arte individualista, sino que depende del tiempo, entonces Ban está preparado para representar una diferencia fundamental. Al responder tan claramente al contexto social más amplio en sus viviendas para las víctimas del desastre de Kobe y en las estructuras temporales para refugiados de Ruanda, y al rechazar la idea de que la arquitectura es meramente el resultado final del desarrollo comercial o de la política industrial, Ban traslada su trabajo hacia un área a la que se ha dirigido una parte muy pequeña de la arquitectura japonesa recientemente. El mismo Ban claramente se da cuenta del significado de este aspecto de su trabajo. "No sólo la cantidad, sino la calidad de la arquitectura social es un fenómeno del diseño del siglo XX. Por supuesto, me gustaría hacer algunas piezas relevantes de arquitectura, pero con tantos desastres naturales o causados por el ser humano, es muy importante para nosotros, las personas que nos dedicamos a la arquitectura, enfrentarnos a los problemas de la vivienda."

Estructura y materiales

La eclosión económica de los años ochenta produjo una erupción de nuevas edificaciones, un auge que se reflejó no sólo en una avalancha de estilos, sino que se materializó también en una gran diversidad de materiales. El alto precio de los terrenos hizo que la arquitectura en sí misma resultara relativamente menos cara y la utilización de nuevos materiales, con sus estudiados detalles, se convirtió en un distintivo del diseño en Japón. Ban, sin embargo, ha construido tanto su trabajo como su reputación a través de la exploración de la simplicidad tanto en los materiales como en sus detalles, y en este sentido, su arquitectura es una arquitectura reaccionaria. Según unas declaraciones del mismo Ban, "mi actitud es que la estructura es importante, pero no lo es el diseño estructural. La arquitectura *high-tech* con una estructura diseñada excesivamente como ornamento, nunca se entiende o se aprecia, ni por parte del cliente ni por parte del público, por lo tanto yo intento hacer que los detalles sean lo más simples posible".

Mediante el uso de estructuras de tubos de papel, Ban ha podido crear espacios completamente nuevos; espacios con una calidad material que no se había experimentado antes. Lo que lo hace especialmente extraordinario es que ha podido conseguir esto, no a través de la dependencia en las nuevas tecnologías para formar y descubrir nuevos materiales, sino a través de reexaminar los materiales existentes en formas recicladas. El interés por estos materiales responde a la preocupación por el medio ambiente de este fin de siglo y, al mismo tiempo, proporciona una alternativa satisfactoria a la preferencia espiritual japonesa por los materiales "naturales" para la construcción de viviendas. Cuando la madera era un recurso sostenible en Japón, la predominancia de la arquitectura residencial realizada en madera, una expresión de esta afinidad con la naturaleza, todavía era válida con relación al medio ambiente. Pero debido al alto ritmo de sustitución de las viviendas en Japón, como respuesta a una atracción por todo lo nuevo, este argumento resulta menos convincente en estos momentos. Mediante la utilización del lustre marrón cálido de

tecture is not an individualistic art but depends on time, then Ban is poised to make a fundamental difference.

By responding so clearly to the wider social context in his housing for the disaster victims in Kobe and the temporary refugee structures for Rwanda, and by rejecting the idea that architecture is merely the end result of commercial development or industrial policy, he moves his work into an area that so little of Japan's architecture has addressed recently. Ban himself clearly realizes the significance of this aspect of his work. "Not just the number but the quality of social architecture is one phenomenon of design in the twentieth century. Of course I would like to make some nice pieces of architecture, but with so many natural and man-made disasters, it is very important for us as architects to face the problems of housing."

Structure and materials

The economic bubble of the 1980s spawned a rash of new building, a boom reflected not just in a deluge of styles but realized in a diversity of materials too. The high price of land made the architecture itself relatively less expensive and the use of new materials, their detailing fully revealed, became a hallmark of design in Japan. Ban, however, has built both his work and reputation by exploring simplicity in materials and their details, and in this sense his architecture is a reactionary one. To quote Ban himself, "my attitude is that the structure is important, but not the structural design. High-tech designs with over-designed structure as ornament are never understood or appreciated by either clients or the public, so I try to make the details as simple as possible."

Through the use of paper tube structures, Ban has been able to create entirely new spaces; spaces with a material quality that has never been experienced before. What makes this particularly remarkable is that he has been able to achieve this not through dependence on new technology to form or discover new materials but by re-examining existing materials in recycled forms. This addresses the environmental concerns of the fin de siècle while at the same time providing a satisfactory alternative for the Japanese spiritual preference for "natural" housing materials. When wood was a sustainable resource in Japan, the predominance of wooden residential architecture, an expression of this affinity with nature, was still environmentally valid. But with the high replacement rate of housing in Japan in response to an attraction to "newness," this argument is now rendered less convincing. By utilizing the warm brown lustre of paper tubes, by emphasizing their "natural" qualities, Ban directly addresses both the environmental need for more sustainable resources and the spiritual need, that still lies in the recesses of the Japanese subconscious, for natural housing materials.

Collaborative realization

While the image of Japan in the West is of a highly motivated workforce cooperating for the wider social good, this cultural facet, if it indeed existed, rarely revealed itself in terms of volunteer work or helping those outside one's immediate circle of company and family. One phenomenon of the experience of Kobe's recovery and Ban's work, of which it was an integral part, was the rise of a community spirit where people put aside their individual concerns to help those in need. Although other architects worked in Kobe using their specialized knowledge, often to assess structural damage, they were working in isolation from the community upon which their decisions would impact. Ban was unique in that he worked directly with the affected community, involving them not just in defining the architectural program but in realizing the built work.

There seems little doubt that the experience of living in the USA was an important part of Ban's education. It offered not just the opportunity to study at Cooper Union with many of the masters of contemporary architecture but also the chance to see a culture at first hand that has been so large an influence in his native Japan. Ban was both surprised and impressed by

los tubos de papel, a través del énfasis de sus cualidades "naturales", Ban responde directamente tanto a la necesidad ecológica de utilizar recursos más sostenibles, como a la necesidad espiritual, que todavía descansa en los recovecos del subconsciente colectivo japonés, de utilizar materiales naturales en la construcción de viviendas.

Realización participativa

Mientras que la imagen de Japón en el oeste es la de una fuerza laboral altamente motivada que coopera para el bien social en su sentido más amplio, esta faceta cultural, si existiera en realidad, raramente se revelaría en forma de trabajo voluntario o en la ayuda a aquellos que se encuentran fuera del círculo familiar y de relación más inmediato. Un fenómeno de la experiencia de la recuperación de Kobe y del trabajo de Ban, del que ha formado parte de manera integral, fue el aumento del espíritu de comunidad por el que las personas dejaron al margen sus preocupaciones individuales para ayudar a aquellos que lo necesitaban. Aunque en Kobe también trabajaron otros arquitectos, con sus conocimientos especializados, sobre todo para valorar los daños estructurales, su trabajo se realizó de forma aislada de la comunidad a la que finalmente afectarían directamente sus decisiones. Ban fue el único que trabajó directamente con la comunidad afectada, y la implicó no sólo a la hora de definir el programa arquitectónico, sino también a la hora de llevar a cabo el trabajo de construcción.

Parecen existir pocas dudas sobre que la experiencia de vivir en los EE. UU. representó una parte importante en la educación de Ban. Esta experiencia le ofreció la oportunidad, no sólo de estudiar en la Cooper Union con muchos de los maestros de la arquitectura contemporánea, sino también la oportunidad de conocer de primera mano una cultura que ha ejercido una influencia muy importante en su Japón natal. Ban quedó impresionado y sorprendido por la tradición del voluntariado que pudo observar entre los estudiantes. Las personas que trabajaban por una causa en la que creían le impresionó profundamente. ¿Por qué el ejercicio de la arquitectura en Japón a menudo era generalmente un simple portavoz de las constructoras? y, ¿explicaba esta falta de preocupación social por qué la consideración del ejercicio de la arquitectura era comparativamente inferior en Japón?

Es importante recordar que la historia de la democracia japonesa es en realidad muy corta: sólo 50 años comparada con los 750 de la Carta Magna. El hecho de que la libertad proporciona mayores responsabilidades todavía no se entiende claramente en el Japón. El trabajo de Ban, no sólo en Kobe, sino también para los refugiados de Ruanda, representa un ejemplo de la *arquitectura democrática* si se la quiere llamar así; que junto con los proyectos para la clientela particular y para los organismos públicos, también trabaja para la sociedad en el sentido más amplio de la palabra.

Conclusión

En oposición a las tendencias contemporáneas de la arquitectura japonesa, la amplitud de la perspectiva de Ban, le permite crear proyectos con una lógica poderosa. Existe una lógica visual, que trasciende una simple recopilación de fragmentos de formas y que se ve reforzada por el uso de materiales previamente inexplorados para crear espacios completamente nuevos. Existe también una lógica social, que, a través de la exploración de regiones previamente desconocidas para la conciencia arquitectónica japonesa, le permite construir espacios que responden a ideales sociales más elevados.

Se juzguen como se juzguen sus edificios individuales en el futuro, su trabajo ahora tiene una importancia que se extiende más allá de la forma puramente arquitectónica. Ban enfoca el próximo siglo como el presagio de una época en la que la arquitectura en Japón ya no podrá sostener su postura autoreferente y se verá compelida a abrazar activamente inquietudes más amplias, como la responsabilidad en referencia al medio ambiente y las necesidades de una sociedad global.

the tradition of student volunteers he saw. People working for a cause they believed in profoundly impressed him. Why was the "profession" of architecture in Japan often merely the mouthpiece of developers and did this lack of social concern explain why the status of architecture in Japan was comparatively low?

It is important to remember that the history of Japanese democracy is actually very short: only 50 years compared with over 750 since Magna Carta. The fact that freedom brings larger responsibilities is still not clearly understood in Japan. Ban's work, not just in Kobe but for refugees in Rwanda too, provides an example of democratic architecture if you like; that in addition to projects for private clients and public bodies, he also works for society in an expansive sense of the word.

In sumation

Opposing many of the contemporary trends in Japanese architecture, the breadth of Ban's outlook allows him to create designs with a powerful logic. There is a visual logic, that transcends a mere collection of fragment of forms and which is strengthened by the use of previously unexplored materials to create entirely new spaces. There is also a social logic, that, by probing regions previously remote from Japanese architectural consciousness, enables him to construct spaces to higher social ideals.

However his individual buildings may be judged in the future, his work now has an importance that extends beyond purely architectural form. Ban approaches the next century as a portent of a time when architecture in Japan will no longer be able to sustain its self-referential stance and will be required to actively embrace wider concerns of environmental sustainability and the needs of a comprehensive society.

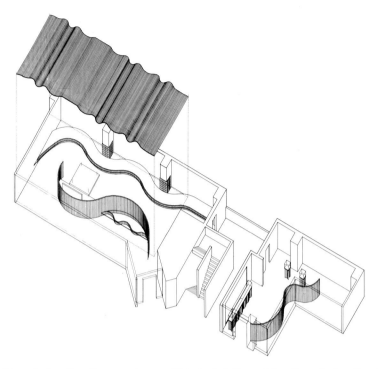

Esta instalación de la exposición *Alvar Aalto, Furniture and Glass* fue la primera ocasión en que se utilizaron tubos de papel. La elección de este material fue determinada por el presupuesto limitado de la exposición temporal y por el deseo de Ban de seleccionar un sustituto para la madera que expresara el espíritu del trabajo de Aalto. La belleza de los tubos de papel y su potencial como material de construcción se le hizo evidente a Ban. Se pueden conseguir varios diámetros, grosores y largos de tubos a través del reciclaje de papel; se pueden impermeabilizar y también se pueden tratar para hacerlos resistentes al fuego. Las pruebas para establecer la resistencia y el módulo de elasticidad de los tubos de papel se iniciaron en cooperación con el laboratorio de Gengo Matsui en la Waseda University.

This installation of the Alvar Aalto, Furniture and Glass *exhibition was the first time paper tubes were used. This choice of material was dictated by the limited budget for the temporary exhibition and by Ban's desire to select a substitute for wood that would express the spirit of Aalto's work. The beauty of the paper tube and its potential as a building material became apparent to Ban. Various diameters, thicknesses and lengths of paper tubing can be made from recycled paper; it can be waterproofed and made fire retardant. Testing to establish the strength and modulus of elasticity of paper tubes began in co-operation with Gengo Matsui's laboratory at Waseda University.*

La glorieta fue diseñada para la *Design Expo* de Nagoya en 1989. Se creó para permitir a las personas asistentes escuchar el *Suikinkitsu*, un instrumento tradicional japonés para el exterior, que hasta hace poco tiempo era difícil de escuchar.
Los tubos de papel que se utilizaron para la construcción de la glorieta eran de 4 m de largo, 330 mm de diámetro y 15 mm de grosor. Después de una impermeabilización adecuada, se situaron en círculo sobre una base de hormigón prefabricado y se unieron por la parte superior con un anillo de compresión de madera. Aunque las estructuras circulares poseen un cierto grado de estabilidad inherente, ésta se diseñó y construyó de manera que cada tubo de papel se sostuviera en pie independientemente de los demás, por motivos de seguridad.
La glorieta se construyó con anterioridad a la exposición y se dejó alzada en Tokio para comprobar su montaje y los detalles. Algunas juntas que se habían realizado en este período de prueba, se retiraron durante la exposición para permitir que el aire circulara en el interior. Durante el día, la luz se filtraba a través de las rendijas entre los tubos, mientras que por la noche la luz emanaba del interior para formar un cinturón a su alrededor que convertía a la glorieta en una especie de lámpara.

The arbour was designed for the Design Expo *in Nagoya in 1989. It was created to allow people to experience* Suikinkitsu, *a traditional Japanese garden instrument, which recently has been difficult to enjoy.*
The paper tubes used in constructing the arbour were 4 metres in length, 330 mm in diameter and 15 mm thick. Following adequate waterproofing, they were set in a circle on a pre-cast concrete base and linked at the top by a wooden compression ring. Although a circular structure has a degree of inherent strength, each paper tube member was made free-standing with a cantilever for safety purposes.
Prior to the Expo, the arbour was constructed and left standing in Tokyo to check its assembly and details. Jointing done during this trial period was in fact removed for the Expo to allow air to circulate inside. During the daytime, light filtered in through the slits between the tubes while at night, light emanated from the interior to form a belt around it, turning the arbour itself into a kind of light.

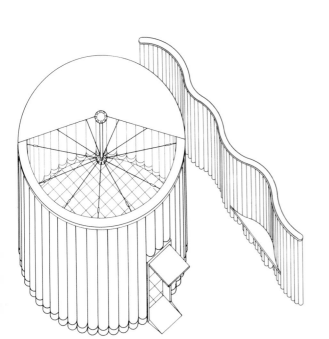

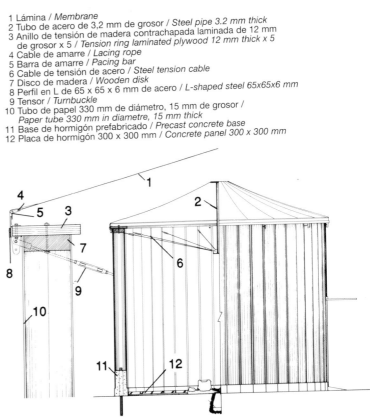

1 Lámina / *Membrane*
2 Tubo de acero de 3,2 mm de grosor / *Steel pipe 3.2 mm thick*
3 Anillo de tensión de madera contrachapada laminada de 12 mm de grosor x 5 / *Tension ring laminated plywood 12 mm thick x 5*
4 Cable de amarre / *Lacing rope*
5 Barra de amarre / *Pacing bar*
6 Cable de tensión de acero / *Steel tension cable*
7 Disco de madera / *Wooden disk*
8 Perfil en L de 65 x 65 x 6 mm de acero / *L-shaped steel 65x65x6 mm*
9 Tensor / *Turnbuckle*
10 Tubo de papel 330 mm de diámetro, 15 mm de grosor / *Paper tube 330 mm in diametre, 15 mm thick*
11 Base de hormigón prefabricado / *Precast concrete base*
12 Placa de hormigón 300 x 300 mm / *Concrete panel 300 x 300 mm*

Alzado, sección y detalle / *Elevation, section and detail*

La ciudad de Odawara quería un salón único para celebrar su 50 aniversario. El alcalde se sintió atraído por la utilización de tubos de papel reciclado, motivado por los graves problemas ecológicos causados por la desforestación. El encargo consistía en un salón temporal con un control completo de la ventilación y con un presupuesto de 200 millones de yenes. El calendario para la creación del edificio era muy ajustado, con un período de cinco meses para su diseño y tres meses y medio para su construcción. El corto período destinado a la fase de proyecto obligó a Ban a la utilización de una estructura espacial de acero con las paredes exteriores e interiores realizadas de tubos de papel, porque no se pudo obtener a tiempo el permiso del Ministerio de Construcción para utilizar los tubos de papel como elementos estructurales.

Los 305 tubos utilizados tenían 8 m de largo, 530 mm de diámetro y 15 mm de grosor. Los 18 cubículos para los lavabos se construyeron utilizando tubos de papel de 8 m de altura y de 1230 mm de diámetro. Las juntas entre los tubos se sellaron con cordones de vinilo de 50 mm de diámetro que se comprimían hasta alcanzar 30 mm al insertarlos entre los tubos. La iluminación que entraba en la sala entre estas uniones formaba un cinturón de luz.

The city of Odawara wanted a unique hall to celebrate its fiftieth anniversary. The mayor was attracted to the use of paper tubes made from recycled paper due to the serious environmental problems caused by deforestation. The commission was for a temporary hall with full air control with a budget of 200 million yen. The schedule for creating the building was tight, with only five months for the design period and three and a half months for construction. The short design period obliged Ban to use a steel space frame with the interior and exterior walls made of paper tubes, as permission to use paper tubes as structural elements could not be received in time from the Ministry of Construction.

The 305 tubes used were 8 m in length, 530 mm in diameter and 15 mm thick. The eighteen toilet cubicles were constructed using 8 m high paper tubes that were 1230 mm in diameter. The joints between the tubes were made from 50 mm diameter vinyl hose that compressed to only 30 mm on insertion between the tubes. Illumination entering the hall from these joints formed a belt of light.

1 Parte trasera del escenario / *Backstage*
2 Patio / *Courtyard*
3 Entrada / *Entrance*
4 Oficina / *Office*
5 Lavabo / *Rest room*

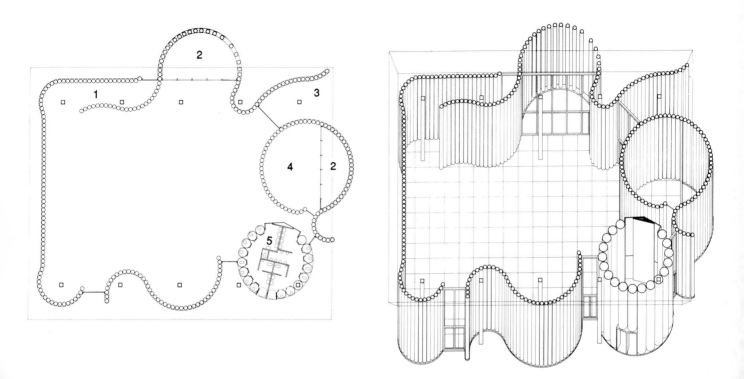

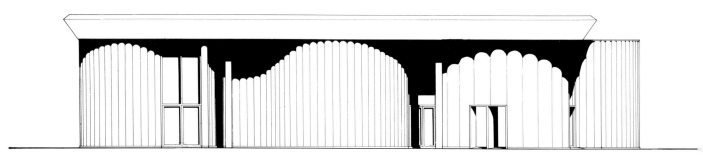

Alzado / *Elevation*

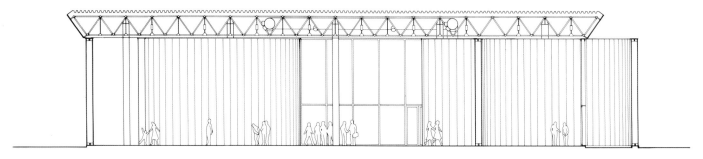

Sección / *Section*

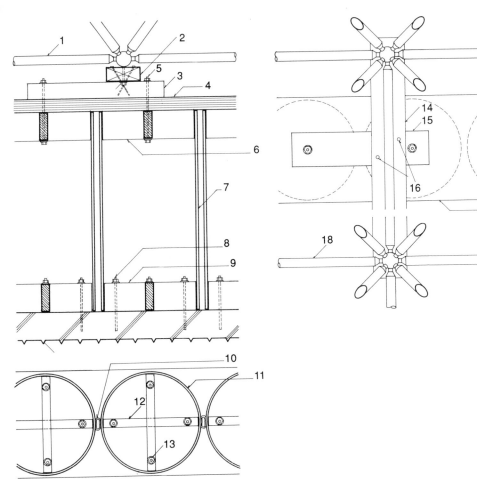

Detalles de la cubierta y del muro /
Roof and wall details

1 Estructura espacial / *Space frame*
2 Madera 184 x 72 mm /
Wood 184 x 72 mm
3 Madera 184 x 89 mm /
Wood 184 x 89 mm
4 Conector periférico de madera
laminada de 12 mm de grosor x 6 /
*Peripheral connector laminated
plywood 12 mm thick x 6*
5 Tornillo / *Bolt*
6 Junta de madera / *Wooden rib*
7 Tubo de papel 530 mm de diámetro,
150 mm de grosor / *Paper tube
530 mm diameter, 15 mm thick*
8 Anclaje / *Anchor*
9 Junta de madera / *Wooden joint*
10 Cordón de vinilo transparente /
Transparent vinyl hose
11 Tubo de papel 530 mm de diámetro,
15 mm de grosor / *Paper tube
530 mm diameter, 15 mm thick*
12 Junta de madera / *Wooden joint*
13 Anclaje / *Anchor*
14 Madera 184 x 89 mm /
Wood 184 x 89 mm
15 Madera 184 x 72 mm /
Wood 184 x 72 mm
16 Tornillo / *Lag screw*
17 Conector periférico de madera
laminada de 12 mm de grosor x 6 /
*Peripheral connector laminated
plywood 12 mm thick x 6*
18 Estructura espacial / *Space frame*

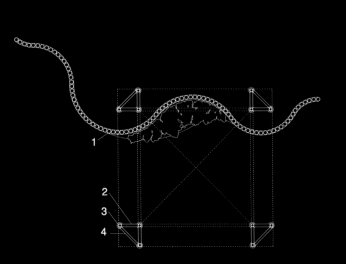

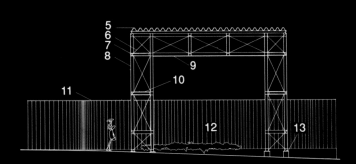

Planta y alzado / *Floor plan and elevation*

A la entrada del pabellón Odawara, Ban diseñó una puerta de cerchas de tubos de papel, utilizando tubos de 150 mm de diámetro y 12,5 mm de grosor, con una resistencia a la compresión de 88 kg/cm^2 y una resistencia a la flexión de 145 kg/cm^2. Era imposible utilizar diferentes tipos de uniones entre los tubos debido a las restricciones presupuestarias y porque las máquinas existentes en el momento sólo podían cortar los tubos en ángulo recto. Los tubos se pretensaron mediante la inserción de una barra de metal de refuerzo en su cavidad interior. Este angular de hierro se hizo más corto y se soldó en las juntas para crear un cubo.

At the entrance to the Odawara Pavilion Ban designed a paper tube truss gate, using tubes 150 mm in diameter and 12.5 mm thick with a compression strength of 88 kg/cm2 and a bending strength of 145 kg/cm2. It was impossible to use a variety of truss joints for the tubes due to cost constraints and because existing factory machines were only able to cut the tubes at right angles. The tubes were pre-stressed by inserting a metal reinforcing bar into the cavity inside the tube. This angle-iron was cut short and welded at the joints to create a cube.

1 Tubo de papel 200 mm de diámetro, 12,5 mm de grosor /
Paper tube 200 mm diameter, 12.5 mm thick
2 Tubo de papel 150 mm de diámetro, 12,5 mm de grosor /
Paper tube 150 mm diameter, 12.5 mm thick
3 Placa base 300 mm de diámetro, 6 mm de grosor /
Base plate 300 mm diameter, 6 mm thick
4 Tubo de papel 100 mm de diámetro, 12,5 mm de grosor /
Paper tube 100 mm diameter, 12.5 mm thick
5 Cubierta de acero ondulado /
Corrugated steel roof
6 Abrazadera / *Brace*
7 Junta de acero, L de 150 x 150 mm / *Steel joint L 150 x 150 mm*
8 Tubo de papel 150 mm de diámetro, 12,5 mm de grosor /
Paper tube 150 mm diameter, 12.5 mm thick
9 Abrazadera horizontal / *Horizontal brace*
10 Tubo de papel 100 mm de diámetro, 12,5 mm de grosor /
Paper tube 100 mm diameter, 12.5 mm thick
11 Contrachapado de conexión perimetral de 12 mm de grosor x 2 /
Peripheral connector plywood 12 mm thick x 2

12 Valla / *Fence*
13 Placa base 300 mm de diámetro, 6 mm de grosor /
Base plate 300 mm diameter, 6 mm thick
14 Tubo de papel 150 mm de diámetro, 12,5 mm de grosor /
Paper tube 150 mm diameter, 12.5 mm thick
15 Varilla de 13 mm / *13 mm steel member*
16 Varilla de 9 mm / *9 mm steel member*
17 Placa de 85 x 85 mm / *Plate 85 x 85 mm*
18 Junta de acero, L de 150 x 150 x 12 mm /
Steel joint L 150 x 150 x 12 mm
19 Tornillo / *Bolt*
20 L-75 x 75 x 6 mm / *L-75 x 75 x 6 mm*
21 L-50 x 50 x 6 mm / *L-50 x 50 x 6 mm*
22 Placa base / *Base plate*
23 Encofrado de tubo de papel / *Paper tube mould*
24 Tornillo de anclaje / *Anchor bolt*

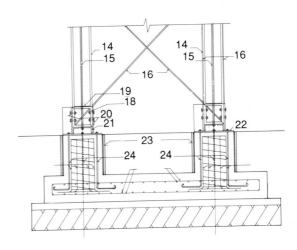

Detalle de la cimentación / *Foundation detail*

Biblioteca de un poeta
Library of a Poet
Zushi, Kanagawa
1991

Un amigo poeta le encargó a Ban el diseño de una biblioteca, que fue el primer edificio permanente construido mediante la utilización de tubos de papel. El proyecto utilizó las estanterías mismas como el principal elemento estructural, algo que el cliente apreció al considerar "las estanterias como arquitectura y la arquitectura como estanterías". Se construyeron cuatro librerías con el entramado y los estantes divididos por separado.

Los entramados eran de 100 mm de diámetro y de 12,5 mm de grosor con una resistencia a la compresión de 103 kg/cm^2. La forma era la misma que la utilizada en Odawara, pero esta vez con juntas de madera. Al no precisar soldaduras ni otras técnicas especiales, la construcción del edificio resultó sencilla. Aunque no había problemas estructurales aparentes, los tubos de papel se utilizaron en el interior, para protegerlos de las inclemencias del tiempo. Ban piensa que, a pesar de que la tendencia ha sido siempre la de desarrollar materiales más fuertes para conseguir un progreso estructural, también es importante desarrollar formas adecuadas para la utilización de materiales más débiles.

Ban was commissioned by a poet friend to design a library, which was the first permanent building constructed using paper tubes. The design used the bookshelves themselves as the main structural element, a feature that was welcomed by the client as "bookshelves being architecture, architecture being bookshelves." Four bookcases were built with the trusses and bookshelves divided separately.

The trusses were 100 mm in diameter and 12.5 mm thick and had a compression strength of 103 kg/cm2. The form was the same as the Odawara but this time using wooden joints. As no welding or other special technique was required, the building was simple to construct. Although there were no apparent structural problems, the paper tubes were used internally in order to protect them against the weather.

Ban believes that even though the trend has been to develop stronger materials to make structural progress, it is also important to develop suitable forms for weaker materials.

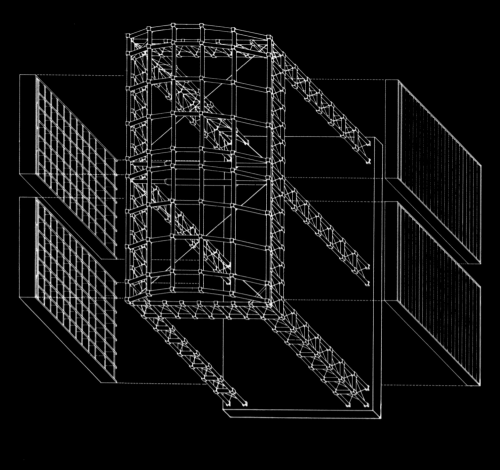

Planta y sección / *Floor plan and section*

1 Biblioteca / *Library*
2 Estanterías móviles / *Moveable bookshelves*
3 Entrada / *Entrance*
4 Cocina / *Kitchen*
5 Almacén / *Storage*

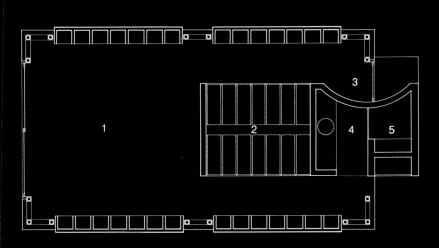

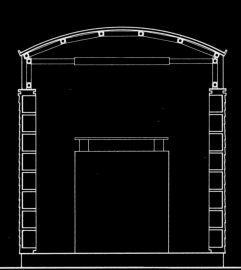

El encargo de este proyecto, realizado por el Instituto Kitayama, fue una estructura arquitectónica de papel de bajo coste para ser utilizada como galería por el Miyake Design Studio, que estaba situado en diagonal frente al emplazamiento de la obra.

La estructura principal tenía que construirse con tubos de papel reciclado utilizando el permiso previamente conseguido para la casa de papel, un proyecto anterior que se estaba construyendo en el Lago Yamanaka, cerca del Monte Fuji. El emplazamiento estaba ubicado en una zona que requería precauciones especiales contra el fuego, en consecuencia, para que se puedan utilizar los tubos de papel como estructura principal, era necesaria una pared exterior ignífuga. Estas paredes ignífugas cargaban con la fuerza horizontal, mientras que la carga vertical la soportaban por completo las columnas de papel con una unión simple entre las columnas y el pavimento para impedir su deslizamiento.

El emplazamiento de la galería de papel medía 20 m x 6,5 m con el eje longitudinal de cara a una carretera. La planta rectangular de 16 m x 5,3 m, una proporción 1:3, larga y estrecha que recordaba el ágora que Ban había visto en Grecia. La línea de columnas de tubos de papel a lo largo del extremo frontal conforma un continuo de sombras verticales que cambia a lo largo del día, lo que produce el efecto de que el edificio parezca estar vivo. La pared de tubos del interior de la galería divide el espacio, con la sombra del tejado produciendo una forma curvada que permite que el volumen en tres dimensiones se vea en dos dimensiones. La mesa y las sillas de papel se crearon específicamente para este espacio.

The commission for this project, produced by the Kitayama Institute, was for a low-cost paper architectural structure to be used as a gallery by the Miyake Design Studio, which was situated diagonally opposite the site.

The main structure was to be constructed of paper tubes made of recycled paper using permission previously granted for the Paper House, an earlier project that was still under construction at Lake Yamanaka near Mount Fuji. The site was in a zone requiring special precautions against fire so in order to use paper tubes as the main structure, a fireproof outer wall was necessary. These fireproof walls took the horizontal force while the vertical load was entirely borne by the paper columns, with a simple joint between the columns and floor to stop sliding.

The site for the Paper Gallery was 20 m x 6.5 m with the long axis facing a road. The groundplan fell naturally into a 1:3 rectangle of 16 m x 5.3 m, a long narrow site reminiscent of the agora Ban had seen in Greece. The line of columns of paper tubes along the front edge form a striped pattern of shadow that changes during the course of the day, making the site seem to be alive. The wall of tubes inside the gallery divide the space, with the shadow from the roof producing a curved form, allowing the three-dimensional volume to be seen in two dimensions. The paper table and chairs were specifically created for this space.

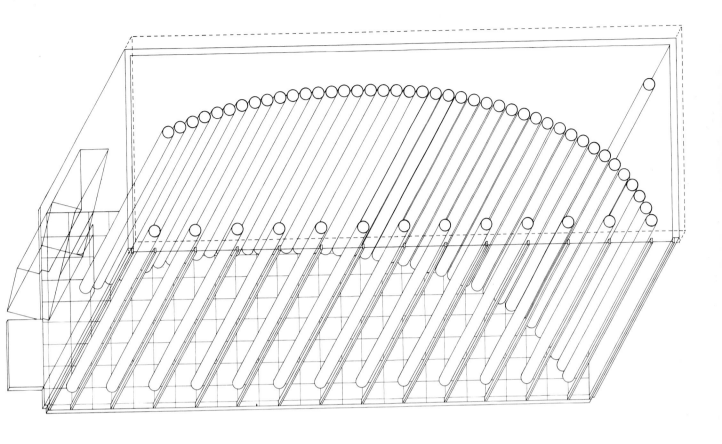

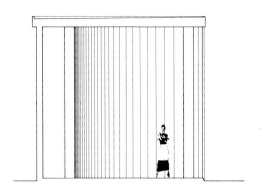

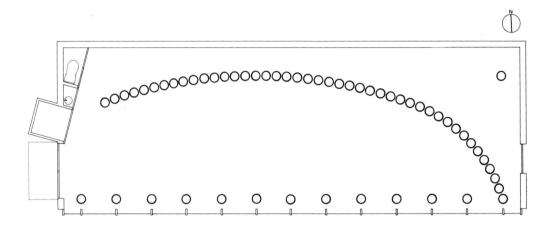

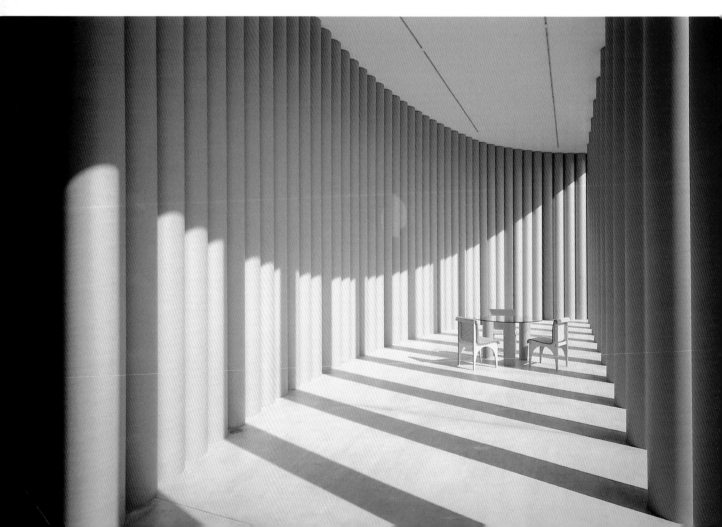

Plano de situación / *Site plan*

1 Casa de papel / *Paper House*
2 Casa de muebles / *Furniture House*
3 Casa de doble tejado / *House of Double Roof*

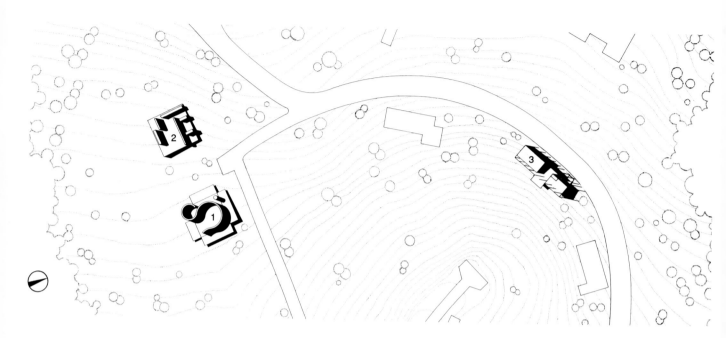

La casa de papel se construyó utilizando 110 tubos de papel (todos de 2700 mm de largo, 280 mm de diámetro y 15 mm de grosor) distribuidos en forma de S. Las medidas totales de la planta son de 10 m x 10 m: se creó una cierta variedad de espacios internos y externos a base de superponer formas circulares y cuadradas. Una forma circular más pequeña de tubos de papel no tiene ninguna función estructural, sino que actúa como pantalla y encierra un pequeño jardín y un baño. Los 80 tubos que soportan la estructura se distribuyeron formando un gran círculo para crear un espacio interior con las funciones de vivienda-estar, además de un espacio exterior por el que circular. En este espacio para circular se levanta de modo independiente un tubo de 1230 mm de diámetro que funciona como columna y además aloja un lavabo en su interior.

El gran espacio circular del estar contiene sólo una superficie para cocinar, una pantalla deslizante y un armario móvil con luz indirecta en varios puntos para crear un espacio general. Si se corre la pantalla, el espacio queda dividido en una zona para comer/estar y una habitación, que puede subdividirse aún en dos partes, colocando el armario movible en ángulo inclinado. Si se abren las ventanas correderas exteriores, el tejado plano que se apoya en la línea de columnas se presenta como una estructura pura, y permite que el corredor de circulación y las terrazas exteriores se integren en su totalidad.

The Paper House was constructed using 110 paper tubes (all 2700 mm in length, 280 mm in diameter and 15 mm thick) arranged in an S shape. The overall floor area is 10 m x 10 m: a variety of internal and external spaces were created by the overlapping of circular and square forms. A smaller circular form of paper tubes serves no structural purpose but functions as a screen, enclosing a tiny garden and bathroom. The 80 supporting paper tubes were arranged in a large circle to form an internal living space as well as an external circulation space. Standing independently in this circulation space is a 1230 mm diameter tube that functions as a column while also housing the toilet inside.

The large circular living space contains only a free-standing kitchen surface, sliding screen and moveable closet with indirect light in various locations to create a universal space. If the screen is slid across, the space is divided into a living/dining space and a bedroom, which can be further subdivided in two by placing the moveable closet at a sloping angle. If the external sashes are opened, the flat roof supported by the line of columns produces a pure structure, allowing the circulation corridor and outdoor terraces to be integrated into the whole.

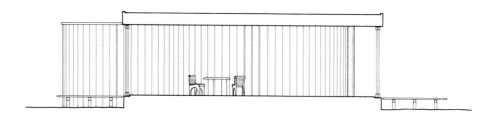

Sección / *Section*

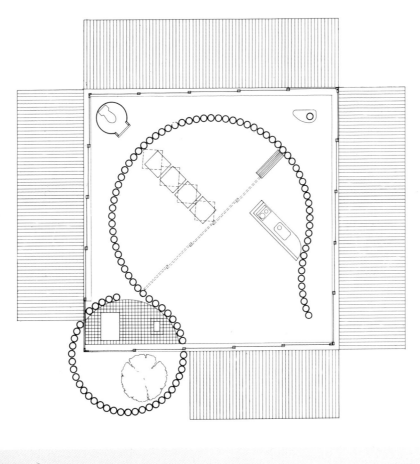

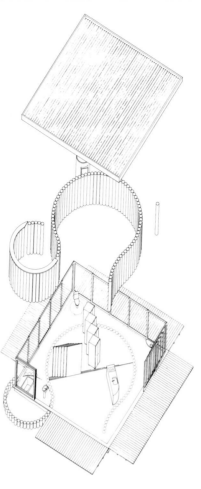

El lugar después del terremoto /
The site after the earthquake

El terremoto de Kobe fue un acontecimiento devastador. Aunque Ban no había diseñado ninguno de los edificios de la ciudad, experimentó un sentido de responsabilidad como arquitecto por las muertes que tuvieron lugar a consecuencia del hundimiento de algunos edificios. A finales de enero se dirigió a la iglesia de Takatori, donde sabía que se habían reunido algunos antiguos refugiados vietnamitas, para ver si podía ayudarles en algo.

La iglesia había sido destruida por el fuego, pero su emplazamiento se había convertido en un lugar clave para los voluntarios y voluntarias que trabajaban para la recuperación de la zona. El edificio se utiliza para celebrar misa y como una sala abierta a la comunidad, y se llama Iglesia de papel en conmemoración de la ayuda recibida y del espíritu con el que fue construido.

Ban no tuvo tiempo de llevar a cabo pruebas adicionales, por eso la estructura se basa en técnicas arquitectónicas con papel que ya se habían utilizado en proyectos anteriores. Otros factores relacionados con el diseño fueron que el edificio debía tener un bajo coste y ser fácil de montar por parte de las personas voluntarias sin tener que emplear maquinaria pesada. Ban también estaba interesado no sólo en el montaje, sino también en la facilidad del desmontaje, para que el edificio se pudiera trasladar a otra zona catastrófica una vez hubiera cumplido su cometido en Kobe.

El edificio es un rectángulo de 10 m por 15 m cerrado por ventanas y está formado por 58 tubos de papel, cada uno de 5 m de largo, 330 mm de diámetro y 15 mm de grosor. El óvalo interior tiene capacidad para 80 personas sentadas. A lo largo del óvalo, los tubos se situaron muy cerca unos de otros para formar un telón detrás del escenario o altar, al tiempo que permitían una zona posterior que sirviera de almacén. Los tubos situados a lo largo del eje frontal del óvalo se espaciaron a intervalos más anchos para que cuando las ventanas se abrieran hubiera una continuidad entre el espacio interior y exterior, creando así una experiencia mágica al entrar en la sala principal desde el corredor, al tiempo que dirigía la mirada hacia arriba, al techo.

The earthquake in Kobe was a devastating event. Although Ban had not designed any of the constructions in the city, he felt a sense of responsibility as an architect for the deaths that occurred as a result of collapsing buildings. At the end of January he went to Takatori Church, where he knew many Vietnamese former refugees and boat people were gathered, to see if he could help.

The Church had been destroyed by fire but its grounds had become a key centre for volunteers working to recover the area. The building is used for mass and as an open community hall and is called the Paper Church in commemoration of the help received and the spirit in which it was built.

Ban had no time to conduct further tests so the structure was based on paper architecture techniques used in previous projects. Other design factors were that the building should be low cost and safe to assemble by volunteers without heavy machinery. Ban was also interested not just in assembly but also the ease of disassembly so that the building could be moved to another disaster area once it had served its purpose in Kobe.

The building is a 10 m by 15 m rectangle enclosed by exterior sashes and is formed from 58 paper tubes, each one 5 m in length, 330 mm in diameter and 15 mm thick. The interior oval is capable of seating 80 people. Along the length of the oval, the tubes were closely spaced to form a backdrop behind the stage or altar as well as forming an area behind for storage. The tubes along the front axis of the oval were spaced at wider intervals so that when the front sashes are open there is a continuity between the interior and exterior spaces, thus creating a magical experience upon entering the main area from the corridor and drawing the eye up towards the ceiling.

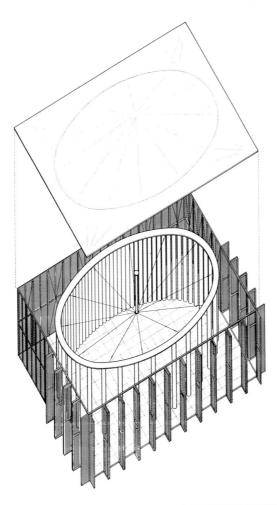

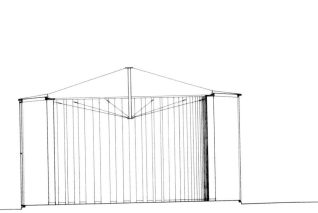

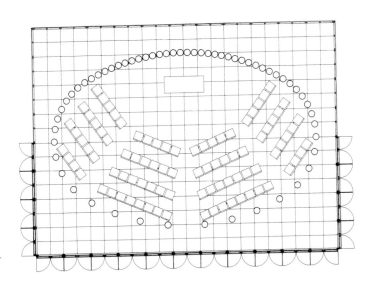

Sección y planta / Section and floor plan

Vistas del lugar antes y durante la construcción /
Site views before and during construction

Ban se concentró en los espacios comunitarios de Kobe porque los políticos había prometido proporcionar rápidamente viviendas provisionales para las víctimas del terremoto. Sin embargo, algunos meses después, todavía había muchas personas que vivían en tiendas hechas con láminas de plástico. Los vietnamitas que visitaban la iglesia de Takatori decían que no podían trasladarse a otro lugar debido a su trabajo y a que sus hijos asistían a clase en las escuelas locales. Las condiciones de sus tiendas eran muy precarias y por eso Ban decidió diseñar una cabaña de papel que, a continuación, pasó a construir por su cuenta.

Los criterios de diseño requerían una estructura barata que cualquiera pudiera construir. Debía tener también ciertas propiedades aislantes y un aspecto aceptable. La solución de Ban fue utilizar unos cimientos hechos con cajas de cerveza llenas de arena, paredes de tubos de papel (108 mm de diámetro y 4 mm de grosor) y el techo y el tejado de lona.

La construcción resultaba barata y fácil: las cajas de cerveza se alquilaron al fabricante; se aplicó cinta de espuma autoadhesiva y resistente al agua en ambos lados del espacio entre los tubos de papel; y el techo y el tejado se mantenían separados para permitir que el aire circulara en verano y cerrados en invierno para retener el aire caliente. Las cabañas no sólo resultaron mejores que otros tipos de vivienda provisional en cuanto al coste y la facilidad y rapidez de construcción, sino que eran fáciles de reciclar una vez utilizadas, fáciles de transportar y de almacenar y, además, los tubos de papel podían fabricarse en el propio emplazamiento.

Ban concentrated on community spaces at Kobe as politicians had promised to quickly provide temporary housing to victims of the earthquake. However, some months later there were still many people living in plastic sheet tents. The Vietnamese visiting Takatori Church said that they could not move elsewhere because of their jobs and the local schools attended by their children. Conditions in their tents were poor and so Ban decided to design a paper log house, which he then went on to build single-handedly.

The design criteria called for a cheap structure that could be built by anyone. Reasonable insulation properties and an acceptable appearance were also required. Ban's solution was to use a foundation of sand-filled beer cases, walls of paper tubes (108 mm in diameter and 4 mm thick) and the ceiling and roof of tent material.

The construction was cheap and simple: the beer cases were rented from the manufacturer; self-adhesive waterproof sponge tape was applied to both sides of the space between the paper tubes; and the roof and ceiling were kept separate in summer to allow air to circulate and closed in winter to retain warm air. Not only did the log houses compare favourably with other types of temporary housing in terms of cost and ease and speed of construction but they were easy to recycle after use, easy to transport, easy to store and the paper tubes could be made on site.

1 Viga en caballete / *Ridge beam construction*
2 Pieza de unión de madera laminada cruciforme de 12 mm / *12 mm cruciform laminated wood connecting piece*
3 Pendolón / *Rafter construction*
4 Tablero base periférico formado de tablas de madera laminada de 2 x 12 mm perforada a ciertos intervalos para la fijación del techo interior / *Peripheral base board consisting of 2 x 12 mm laminated wood sheets bored at intervals for fixing internal membrane*
5 Tela de lona revestida de teflón / *Teflon-coated tent membrane*
6 Tubo diagonal de refuerzo / *Diagonal bracing tube*
7 Puntal vertical de apoyo para la viga en caballete / *Vertical strut as support for ridge beam*
8 Suspensión de la tela de lona interna / *Suspension of inner tent membrane*
9 Ángulo de acero de 40 x 40 mm con agujeros perforados para la fijación de la tela exterior o tejado / *40 x 40 mm steel angle with bored holes for fixing external membrane*
10 Sección hueca de la placa de madera laminada del dintel sobre la puerta / *Laminated wood-sheet hollow-section lintel over door*
11 Freno en forma de ángulo para la apertura máxima de la puerta / *Angle door stop*
12 Pared de tubos de cartón con sellador elástico en las uniones y refuerzos de varillas de acero de 6 mm de diámetro / *Cardboard-tube wall with elastic sealant to joints and 6 mm dia. steel rod bracing*
13 Pantalla contra los insectos / *Insect screen*
14 Contraventana colgada por la parte superior / *Top-hung window shutter*
15 Marco de ventana de madera laminada / *Laminated wood window frame*
16 Construcción del suelo:Tubos de cartón realizados de capas de papel reciclado pegadas con cola, de 108 mm de diámetro externo, con un grosor de la pared de 4 mm, entre la capa superior e inferior de placas de madera laminada / *Floor construction:cardboard tubes, consisting of glue-bonded layers of recycled paper, 108 mm external dia., 4 mm wall thickness, between op and bottom layers of laminated wood sheeting*
17 Saco de arena / *Sand bag*
18 Zócalo de cajas de cerveza de plástico / *Plinth of plastic beer crates*

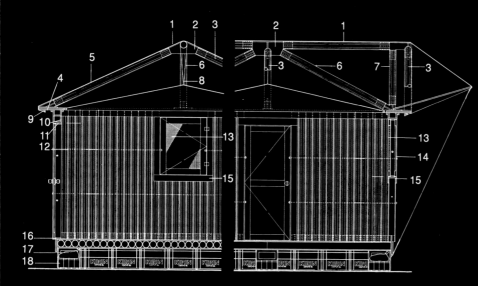

Secciones / *Sections*

1 Tubo de papel de 108 mm de diámetro, 4 mm de grosor /
  Paper tube 108 mm diameter, 4 mm thick
2 Saco de arena / *Sand bag*
3 Caja de plástico para cerveza / *Plastic beer container*
4 Suelo de contrachapado / *Plywood floor*

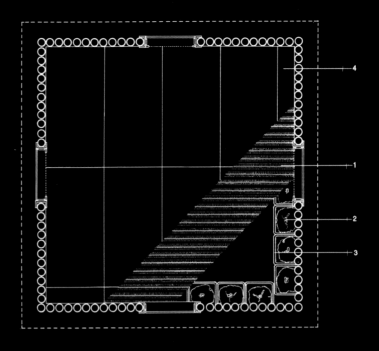

Planta / *Floor plan*

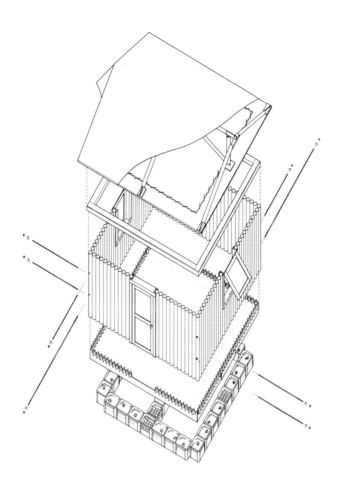

Cúpula de papel
Paper Dome
Masudagun, Gifu

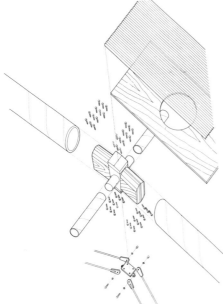

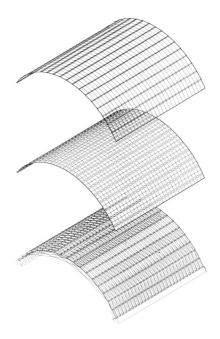

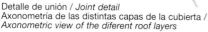

Detalle de unión / *Joint detail*
Axonometría de las distintas capas de la cubierta /
Axonometric view of the diferent roof layers

(en construcción)

Este encargo de una empresa de construcción de edificios de madera consistía en un espacio cubierto que permitiera trabajar incluso bajo malas condiciones atmosféricas. El presidente de la compañía admiraba el trabajo de Ban y quería sustituir una estructura de acero por una de papel que ocupara una extensión de 28 m x 25 m, y tuviera una altura de 8 m en el centro. Se precisaron algunas pruebas adicionales de las juntas entre papel y madera por parte del Ministerio de Construcción.

Se trata de un arco simple de tubos de papel de 290 mm de diámetro con juntas de madera cada 1,8 m, los segmentos del arco de 0,9 m forman una curva. La estructura se estabilizó reformando el lado interno del arco para resistir nevadas intensas o vientos fuertes. La rigidez lateral se consiguió mediante un tablero colaborante situado entre cada uno de los armazones, en lugar de utilizar abrazaderas. La luz natural penetra a través de unos orificios circulares de 500 mm de diámetro practicados en cada uno de los tableros y cubiertos después con una plancha ondulada de policarbonato.

(currently under construction)

This commission from a wooden housing company was for an indoor space that would allow work to continue even in inclement weather. The company president admired Ban's work and wanted to replace a steel structure with a paper one spanning 28 m x 25 m, and 8 m high at the centre. Further testing of the joint between the paper and wood was required by the Construction Ministry.

It is a simple arch formed of 290 mm diameter paper tubes with wooden joints at 1.8 m pitch, the 0.9 m arch segments forming a curve. The structure was stabilised using tension material on the inner side of the arch to allow for heavy snowfall or strong wind. Lateral stiffness is provided by the structural particle board placed between each frame rather than by using a brace. Natural light enters through a 500 mm diameter hole cut into each of the boards and then covered with corrugated polycarbonate sheeting.

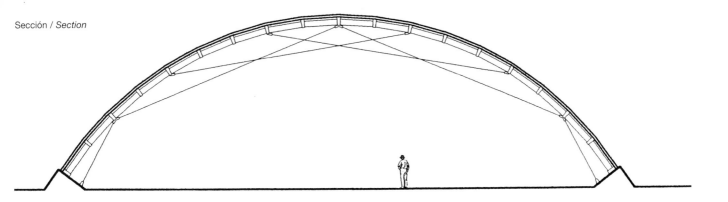

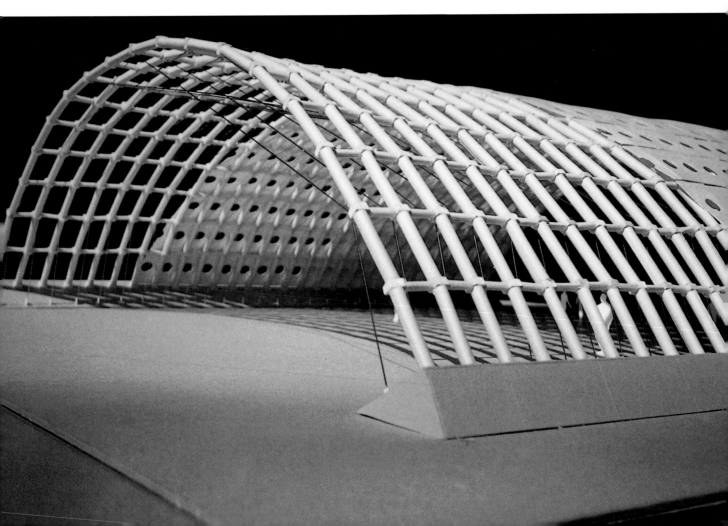

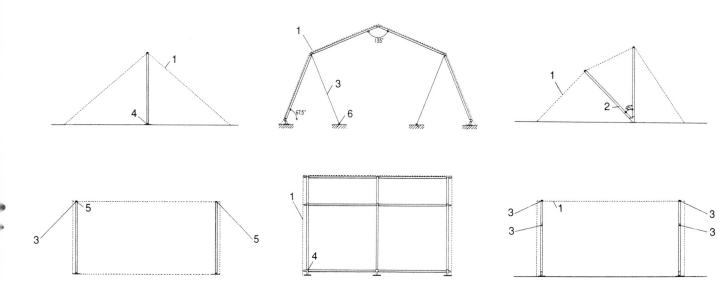

Este proyecto, titulado *Application of Paper Tube Technology for Improved Emergency Shelter*, se realizó para el Alto Comisionado de las Naciones Unidas para los Refugiados (UNHCR). El UNHCR proporciona plástico para la construcción de cobertizos para los refugiados, pero no puede proporcionar materiales de soporte debido a su coste, a la disponibilidad local y a factores ambientales. Sin embargo, esta falta de materiales de soporte conduce a la desforestación, porque los refugiados se ven obligados a recoger materiales para la construcción en los bosques. Los tubos de papel son una alternativa adecuada y poseen la ventaja adicional de reducir los costes de transporte a un mínimo, porque se pueden confeccionar en el mismo campo.

Se montaron tres prototipos en la fábrica Vitra de Weil am Rhein, Alemania, para poder estudiar diferentes tipos de cobertizos realizados con tubos de papel, y las características técnicas de los tubos y los procedimientos a seguir para hacerlos resistentes al agua.

This project, entitled Application of Paper Tube Technology for Improved Emergency Shelter, was for the United Nations High Commissioner for Refugees (UNHCR).
The UNHCR supplies plastic sheets for refugee shelters but is unable to provide support materials due to cost, local availability and environmental factors. However, this lack of support material leads to deforestation as refugees have to collect building materials from forests. The paper tube is an appropriate alternative and has the additional advantage of reducing transport costs to a minimum as it can be produced in the field.
Three prototypes were assembled at the Vitra factory in Weil am Rhein, Germany, in order to study different types of paper tube emergency shelters, tube specifications and the waterproofing procedure.

Prototipos I, II, III / *Prototypes I, II, III*

1 Lámina de plástico / *Plastic sheet*
2 Tubo de papel / *Paper tube*
3 Cuerda / *Rope*
4 Plancha base / *Foot plate*
5 Fijación superior / *Top fixing*
6 Clavija / *Peg*

Pruebas de los tubos
de papel
Paper tube test

El diseño de Ban para la exposición de cristal y muebles de Alvar Aalto mostró la sutileza y la belleza de los tubos de papel como material de construcción. El arquitecto se dio cuenta de que los tubos eran más fuertes de lo que se esperaba y, además, versátiles. Se puede producir gran variedad de largos y grosores y se pueden tratar para hacerlos resistentes al agua y al fuego. Las cavidades centrales pueden contener elementos estructurales y, además, los tubos poseen buenas propiedades de aislamiento acústico y térmico.

A pesar de esto no existía ningún precedente de utilización de tubos de papel, por eso era necesario realizar una serie de pruebas. Justo en el momento en que empezaron, en colaboración con el Centro de Tecnología Industrial de Tokio y el centro de investigación del fabricante, Ban recibió un encargo para proyectar la glorieta de la Exposición de Nagoya. Gran parte del trabajo de Ban se realizó en colaboración con el profesor Gengo Matsui, quien, antes de morir, ayudó a Ban a resolver problemas estructurales. La experiencia de Nagoya fue muy útil para Ban y Matsui porque los tubos de papel estuvieron expuestos a los elementos durante seis meses, lo que permitió realizar pruebas en los tubos a medida que envejecían. La cola se endureció en el transcurso del tiempo y las propiedades estructurales de los propios tubos mejoraron.

Los tubos de papel se utilizaron en diversos proyectos de construcción y Ban acumuló un cierto número de planes no llevados a cabo. Para conseguir el permiso del Ministerio de Construcción para utilizar estructuras de papel, diseñó la casa de papel. Finalmente se le concedió el permiso en 1993, lo que permitió la posterior construcción de la galería de papel y después de la casa de papel.

Ban cree que los tubos de papel tienen un buen futuro como material de construcción. Su impacto medioambiental es muy bajo y, aunque son más débiles que otros materiales, si se utilizan adecuadamente poseen un gran potencial para muchas aplicaciones. Según su punto de vista, el papel se utilizará cada vez más y se precisan técnicas para su desarrollo continuado.

Ban's design for the exhibition of Alvar Aalto's glass and furniture demonstrated the suitability and beauty of paper tubes as a building material. The architect found the tubes to be stronger than expected and versatile. Varying lengths and thickness can be produced and the tubes can be waterproofed and treated for fire-resistance. The central cavities can contain structural elements and the tubes also have good thermal and sound insulation properties.

However, there were no precedents for paper tubes and so testing was required. Just as this began, in collaboration with the Tokyo Industrial Technology Centre and the manufacturer's research centre, Ban received a commission to design the arbour for the Nagoya Design Expo. Much of Ban's work was designed in collaboration with Professor Gengo Matsui, who, before his death, helped Ban to resolve structural problems. The experience at Nagoya was extremely useful to Ban and Matsui because the paper tubes were exposed to the elements for six months, allowing tests to be conducted on the tubes as they aged. The glue hardened over the course of time and the structural properties of the tubes themselves improved.

Paper tubes were used in several construction projects and Ban had a number of unrealized plans. In order to receive permission from the Ministry of Construction for paper structures, he designed the Paper House. Permission was finally granted in 1993, allowing the subsequent construction of the Paper Gallery and then the Paper House.

Ban believes that paper tubes have a strong future as a building material. They have low environmental impact and, though weaker than other materials, if well used they have a potential for many applications. In his view, paper will increasingly be used and techniques for its continued development are necessary.

Prueba de compresión / *Compression test*

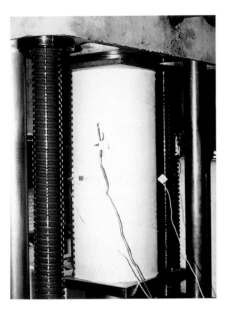

Prueba de tracción / *Tension test*

Prueba de flexión / *Bending test*

Villa TGC, Tateshina, Nagano
1986

Villa K, Tateshina, Nagano
1987

Edificio Ban, Tokio
Ban Building, Tokyo
1988

Residencia Muramatsu, Tokio
Muramatsu Residence, Tokyo
1989

Villa Torii, Yatsugatake, Nagano
1991

Estudio para vocalistas, Tokio
Studio for Vocalist, Tokyo
1991

Casa I, Tokio
I House, Tokyo
1991

Villa Kuru, Utsukushigahara, Nagano
1991

Viviendas Kaneki, Tokio
Kaneki Housing, Tokyo
1992

Estudio Sugawara
Sugawara Atelier,
Jurigi, Shizuoka
1992

Complejo junto a las vías, Tokio
Complex by rails, Tokyo
1992

Fábrica en Hamura, Tokio
Factory at Hamura, Tokyo
1993

Casa de doble tejado, Lago Yamanaka
House of Double Roof, Lake Yamanaka,
Yamanashi
1993

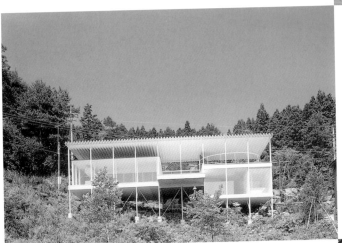

Casa de un dentista, Tokio
House of a Dentist, Tokyo
1994

Casa de muebles, Lago Yamanaka
Furniture House, Lake Yamanaka,
Yamanashi
1995

Casa de muros cortina, Tokio
Curtain Wall House, Tokyo
1995

Casa 2/5
2/5 House,
Nishinomiya, Hyogo
1995

1957	Nace en Tokio.
1977-1980	Southern California Institute of Architecture.
1980-1982	Cooper Union School of Architecture.
1982-1983	Trabaja para Arata Isozaki, Tokio.
1984	Recibe la licenciatura en arquitectura de la Cooper Union.
1985	Establece su despacho privado en Tokio.
1993-1995	Profesor adjunto de arquitectura en la Tama Art University.
1995-	Asesor del Alto Comisionado para los refugiados de las Naciones Unidas (UNHCR). Profesor adjunto de arquitectura en la Yokohama National University.
1996-	Profesor adjunto de arquitectura en la Nihon University.

Obras y proyectos

1985	Diseño de la exposición "Emilio Ambasz", Galería Axis, Tokio.
1986	Diseño de la exposición "Judith Turner", Galería Axis, Tokio. Diseño de la exposición "Alvar Aalto", Galería Axis, Tokio. Villa TGC, Tateshina, Nagano.
1987	Diseño de la exposición "Emilio Ambasz", Halle Sud, Ginebra, Suiza. Villa K, Tateshina, Nagano.
1988	Edificio Ban, Tokio.
1989	Plan general para la remodelación de los astilleros de Osaka. Anexo a la Residencia Takahashi, Zushi, Kanagawa.

1957	*Born in Tokyo.*
1977-1980	*Southern California Institute of Architecture.*
1980-1982	*Cooper Union School of Architecture.*
1982-1983	*Worked for Arata Isozaki, Tokyo.*
1984	*Received Bachelor of Architecture from Cooper Union.*
1985	*Established private practice in Tokyo.*
1993-1995	*Adjunct Professor of Architecture at Tama Art University.*
1995-	*Consultant to United Nations High Commissioner for Refugees (UNHCR). Adjunct Professor of Architecture at Yokohama National University.*
1996-	*Adjunct Professor of Architecture at Nihon University.*

Works and Projects

1985	*"Emilio Ambasz" Exhibition design, Axis Gallery, Tokyo.*
1986	*"Judith Turner" Exhibition design, Axis Gallery, Tokyo. "Alvar Aalto" Exhibition design, Axis Gallery, Tokyo. Villa TCG, Tateshina, Nagano.*
1987	*"Emilio Ambasz" Exhibition design, Halle Sud, Geneva, Switzerland. Villa K, Tateshina, Nagano.*
1988	*Ban Building, Tokyo.*
1989	*Osaka Shipyard redevelopment master plan Takahashi Residence addition, Zushi, Kanagawa. Muramatsu Residence, Tokyo.*

1989   Residencia Muramatsu, Tokio.
Glorieta de papel. Design Expo'89, Nagoya.
Diseño de la exposición "Emilio Ambasz",
La Jolla Museum of Contemporary Art,
La Jolla, California.
Diseño de la exposición "Emilio Ambasz",
Museo de Artes Decorativas, Montreal,
Canada.

1990   Villa Sekita, lago Yamanaka, Yamanashi.
Diseño de la exposición "Zanotta Furniture
Show", Galería TEPIA , Tokio.
Pabellón Odawara,.Puerta este. Odawara,
Kanagawa.

1991   Villa Torii, Yatsugatake, Nagano.
Estudio para vocalistas, Tokio.
Biblioteca de un poeta. Zushi, Kanagawa.
Casa I, Tokio.
Villa Kuru, Takeishimura, Nagano.

1992   Viviendas Kaneki, Tokio.
Estudio de Sugawara, Jurigi, Shizuoka.
Complejo junto a las vías, Tokio.

1993   Fábrica en Hamura-Dengyosya, Tokio.
Casa de doble tejado, lago Yamanaka,
Yamanashi.
Casa Yoshida, Kanazawa, Ishikawa.
Diseño de la exposición "Emilio Ambasz",
Galería Estación de Tokio, Tokio.

1994   Diseño de la exposición "Emilio Ambasz",
Centro cultural de arte contemporáneo,
Mejico D.F.
Casa de un dentista, Tokio.
Galería de papel, Tokio.

1995   Casa de muebles, lago Yamanaka, Yamanashi.
Casa de las paredes-cortina, Tokio.
Casa de papel, lago Yamanaka, Yamanashi.
Cabaña de papel. Kobe, Hyogo.
Iglesia de papel. Kobe, Hyogo.
Casa 2/5, Nishinomiya, Hyogo.

1996   Casa de muebles n. 2, Fujisawa.

Diseño industrial

1986   Luz interior. J.T.Series, Daiko.
1988   Panel para exposiciones multifuncional, Itoki.
1993   Sistema de unidades en L, Nishiwaki Kosho.

Diseño gráfico

1986   Diseño de un libro, Judith Turner, fotógrafa.
1987   Diseño de un calendario, Judith Turner,
Naka Kogyo.
Diseño del libro, *The Garden for Rabbits*,
Mutsuro Takahashi.

Exposiciones

1984   "Japanese Designers in New York", Galería 91,
Nueva York.
1985   "Adán en el futuro", Seibu, Shibuya.
"S.D. Review'85", Galeria Hillside Terrace.
1987   "Tokyo Tower Project", *40 Architects Under 40s*,
Galería Axis, Tokio.
1988   Maquetas de estudio de arquitectos,
Galería Matsuya, Ginza.
1989   "Neo-forma", Galería Axis, Tokio.
"Virgin Collections", Guardian Garden.
La última década 1990, Galería Matsuya, Ginza.
1993   Sillas diseñadas por arquitectos, Museo Hanegi.
"GA Japan League'93", Galeria GA.
Utensilios diseñados por arquitectos,
Museo Hanegi.

1989   *Paper Arbour, Design Expo '89, Nagoya.*
"Emilio Ambasz" Exhibition design,
La Jolla Museum of Contemporary Art,
La Jolla, California.
"Emilio Ambasz" Exhibition design, Musée
des Arts Décoratifs, Montreal, Canada.

1990   *Villa Sekita, Lake Yamanaka, Yamanashi*
"Zanotta Furniture Show" Exhibition design,
TEPIA Gallery, Tokyo.
Odawara Pavilion, East Gate,
Odawara, Kanagawa.

1991   *Villa Torii, Yatsugatake, Nagano.*
Studio for Vocalists, Tokyo.
Library of a Poet, Zushi, Kanagawa.
I House, Tokyo.
Villa Kuru, Takeishimura, Nagano.

1992   *Kaneki Housing, Tokyo.*
Sugawara Atelier, Jurigi, Shizuoka.
Complex by rails, Tokyo.

1993   *Factory at Hamura - Dengyosya, Tokyo.*
House of Double Roof, Lake Yamanaka,
Yamanashi.
Yoshida House, Kanazawa, Ishikawa.
"Emilio Ambasz" Exhibition design, Tokyo.
Station Gallery, Tokyo.

1994   *"Emilio Ambasz" Exhibition design, Cultural*
Centre of Contemporary Art, Mexico City.
House of a Dentist, Tokyo.
Paper Gallery, Tokyo.

1995   *Furniture House, Lake Yamanaka, Yamanashi.*
Curtain Wall House, Tokyo.
Paper House, Lake Yamanaka, Yamanashi.
Paper Log House, Kobe, Hyogo.
Paper Church, Kobe, Hyogo.
2/5 House, Nishinomiya, Hyogo.

1996   *Furniture House #2, Fujisawa.*

Industrial Design

1986   *Interior Light - J.T. Series, Daiko.*
1988   *Multi-purpose Exhibition Panel, Itoki.*
1993   *L Unit System, Nishiwaki Kohso.*

Graphic Design

1986   *Book Design, Judith Turner, Photographer.*
1987   *Calendar Design, Judith Turner, Naka Kogyo.*
Book Design, The Garden for Rabbits,
Mutsuro Takahashi.

Exhibitions

1984   *Japanese Designer in New York, Gallery 91,*
New York.
1985   *Adam in the Future, Seibu, Shibuya.*
S.D. Review '85, Hillside Terrace Gallery.
1987   *Tokyo Tower Project 40 Architects Under 40s,*
Axis Gallery.
1988   *Models from Architect's Ateliers, Matsuya*
Gallery, Ginza.
1989   *Neo-Forma, Axis Gallery, Tokyo.*
1990   *Virgin Collections, Guardian Garden.*
Last Decade 1990, Matsuya Gallery, Ginza.
1993   *Chairs by Architects, Hanegi Museum.*
GA Japan League '93, GA Gallery.
Hardwares by Architects, Hanegi Museum.
1994   *GA Japan League '94, GA Gallery.*
Architecture of the Year '94, Metropolitan Plaza.
1995   *Paper Church, Matsuya Gallery, Ginza.*
Paper Church and Volunteers, Inax Gallery,
Osaka.

1994	"GA Japan League '94", Galeria GA.
	La arquitectura del año 94, Metropolitan Plaza.
1995	Iglesia de papel, Galeria Matsuya, Ginza.
	La Iglesia de papel y el voluntariado, Galería Inax, Osaka.
1996	La Iglesia de papel y el voluntariado en Kobe, Kenchikuka Club.

Simposios

| 1985 | ICSID (International Council of Societies of Industrial Design), Washington D.C. |
| 1993 | Colegio de arquitectos, Bolonia, Italia. |

Premios

1985	S.D. Review'85.
1986	Concurso de diseño para la remodelación del Shinsaibashi, Osaka.
	Exposición del año, Japón, Exposición "Emilio Ambasz".
1988	Exposición del año, Japón, Exposición "Alvar Aalto".
	Concurso de diseño industrial de Osaka, L Unit System.
	S.D. Review'88.
1989	Concurso de diseño Alflex.
1993	Premio vivienda, Tokyo Society of Architects.
1996	Premio a la inovación, Tokyo Journal.
	Premio Yoshioka.
	JIA Kansai Architects.
	Premio Mainichi Design.
	Concurso casa Ecoplice, IAA (International Architects Academy).

| 1996 | *Paper Church and Volunteers at Kobe, Kenchikuka Club.* |

Symposia

| 1985 | *ICSID (International Council of Societies of Industrial Design), Washington D.C.* |
| 1993 | *Bologna Institute of Architects, Bologna, Italy.* |

Awards

1985	*S.D. Review '85.*
1986	*Design Competition for the redevelopment of the Shinsaibashi, Osaka.*
	Display of the Year, Japan, "Emilio Ambasz" Exhibition.
1988	*Display of the Year, Japan, "Alvar Aalto" Exhibition.*
	Osaka Industrial Design Contest, L Unit System.
	S.D. Review '88.
1989	*Alflex Design Competition.*
1993	*House Award, Tokyo Society of Architects.*
1996	*Innovative Award, Tokyo Journal.*
	Yoshioka Prize.
	JIA Kansai Architects.
	Mainichi Design Prize.
	Ecoplice House Competition, IAA (International Architects Academy).

Créditos fotográficos
Photographic credits

Yukio Shimizu	Exposición Alvar Aalto *Alvar Aalto Exhibition Design*
Hiroyuki Hirai	Glorieta de papel *Paper Arbour*
Hiroyuki Hirai	Pabellón Odawara *Odawara Pavilion*
Hiroyuki Hirai	Puerta este *East Gate*
Hiroyuki Hirai	Biblioteca de un poeta *Library of a Poet*
Hiroyuki Hirai	Galería de papel *Paper Gallery*
Hiroyuki Hirai Shinkenchikusya	Casa de papel *Paper House*
Hiroyuki Hirai Shigeru Ban	Iglesia de papel *Paper Church*
Hiroyuki Hirai Takanobu Sakuma Shigeru Ban	Cabaña de papel *Paper Log House*
Shigeru Ban	Cúpula de papel *Paper Dome*
Shigeru Ban	Cobertizo de papel para refugiados *Paper Refugee Shelter*
Shigeru Ban	Pruebas de los tubos de papel *Paper Tube Tests*
Hiroyuki Hirai	Cronología *Chronology*